GAFFES D'UN GARS GONFLÉ

FRANQUIN

DANS LA COLLECTION J'AI LU BD

IDÉES NOIRES

GASTON LAGAFFE

1- GALA DE GAFFES
2- GAFFES À GOGO
3- LE BUREAU DES GAFFES
4- GAFFES EN GROS
5- GARE AUX GAFFES

LES AVENTURES DE SPIROU ET FANTASIO

L'OMBRE DU Z

AUX ÉDITIONS DUPUIS

SPIROU ET FANTASIO

(UNE VINGTAINE D'ALBUMS)

GASTON LAGAFFE

(UNE QUINZAINE D'ALBUMS)

AUX ÉDITIONS MAGIC STRIP

MODESTE ET POMPON

(QUATRE ALBUMS)

AUX ÉDITIONS BÉDÉRAMA

CAUCHEMARRANT

NOËL ET L'ELAOIN

AUX ÉDITIONS FLUIDE GLACIAL

IDÉES NOIRES

(DEUX ALBUMS)

AUX ÉDITIONS DE L'ATELIER

LES ROBINSONS DU RAIL

AUX ÉDITIONS KHANI

GAFFES EN GRAND

AUX ÉDITIONS DU LION

LE NID DES MARSUPILAMIS

Adaptation graphique de Sylvie Mocaer
Mise en couleurs : Vittorio Leonardo

GASTON 6

GAFFES D'UN GARS GONFLÉ

par Franquin et Jidéhem

Avertissement aux franquinophiles

Le "Gaston nouveau" est arrivé !
Sachant que vous l'attendiez,
Franquin s'est plié en quatre,
(merci André !)
et vous offre toute une série
de nouveaux dessins.
Pour vous y retrouver, sachez
tout de même que cette édition
reprend l'intégralité du nº 5
(petit format) complétée de
quelques gags du R 3

OAH, DIS ! TU ME PRÊTES TON MAGNÉTOPHONE ?... MON AMI GEORGES A RÉUSSI UNE BANDE FORMIDABLE !
JE VOIS : ENCORE DU YÉYÉWOUAWOUA À TOUT CASSER...

MAIS NON... IL A ENREGISTRÉ LE DOUBLE "BANG" D'UN AVION QUI PASSAIT LE MUR DU SON !

À PLEINE PUISSANCE !... CE SERA D'UN RÉALISME ...

BANG
BANG

... PLUS UNE GLACE NI UN CARREAU INTACTS DANS UN RAYON DE CINQ CENTS MÈTRES !
IL AURA DE MES ...
CRAC

... NOUVELLES, CE PILOTE ... CET AS ...
352
... SI, SI ! QUI CASSE, PAYE, GASTON ...
CRAC

NONNONNON! JAMAIS VOUS N'AVEZ FAIT UNE MOYENNE AUSSI REMARQUABLE, GASTON...

... C'EST BIEN SIMPLE : NOUS SUIVONS DEPUIS DEUX HEURES UNE MORRIS COOPER... ELLE N'A PAS GAGNÉ UN POUCE SUR NOUS !
BOAHF !

...ET CEPENDANT J'ÉPROUVE UNE SENSATION DE SÉCURITÉ INHABITUELLE...
ZZZ

354
NOUS REMERCIERONS BIEN LES DEUX GARS QUI NOUS ONT AIMABLEMENT DÉPANNÉS !
...

SISI ! NOUS TROUVERONS UN MOYEN DE NOUS DÉBARRASSER DISCRÈTEMENT DE CET OBJET IDIOT... HÉ ! GASTON !

'TENTION !..
CLAC
AÏÏÏÏÏÏÏÏK

...L'AGENT !

NON, JE VOUS L'AI DIT, CHEF : GROTARIN NE VAUT RIEN COMME AGENT À POSTE FIXE...

SSARIAT
355

IL A CINQ CENTS FICHES
À FAIRE, ET IL NE TAPE
PAS ?!...

HIHI ! LES
SONT

... SI JE N'ENTENDS PAS
LE TICTICTIC DE SA
MACHINE À ÉCRIRE
...
MAIS DIS !

TIC TICTICTIC
TICTIC TIC
TIC
TIC
AH ! ÇA
TRAVAILLE
PAR LÀ !

MERLES DU QUARTIER MES AMIS !...
EH BIEN, MESSIEURS, VOUS EXCUSEREZ GASTON. ...UN TRAVAIL URGENT... ET IL AURA LES PIRES ENNUIS...

355
ENTRE AMIS, ON SE REND DE PETITS SERVICES, HIHIHI !
TIC TIC TIC TIC TIC TIC TIC TIC TIC TIC TIC

SALUT!
SALUT!

?
HONK, HONK, HONK!
PIIP, HONK.
PIIP, PIIP, REUH!
HONK!

GASTON, VOUS ESTIMEZ
QUE CET INDIVIDU
N'EST PAS ASSEZ
CRIARD ?
PRENDS
PATIENCE QUEL-
QUES HEURES

HONK, HONK!
PIIP, HONK
HONK, HONK!

SOIR.

VIENS, MON ASTUCE VA T'ÉTONNER ...

HONK
HONK HONK
PIIP
REUHH
HONK
...JE N'AI PAS DE SOUS POUR FAIRE RÉPARER MON KLAXON... ALORS EN ATTENDANT...
357
VICQ

SALE FLIC

DEPUIS QUE VOUS M'AVEZ PROMIS DE ME DONNER MA PREMIÈRE LEÇON, MONSIEUR GASTON, OH! C'EST BIEN SIMPLE : JE NE DORS PLUS!...
ET IL Y A UNE SURPRISE, 'MOISELLE JEANNE...

...DEUX VOLANTS, COMME AUX VRAIES AUTO-ÉCOLES!... JE ME SUIS DONNÉ DU MAL... AVEC TOUS CES ENGRENAGES!
MAIS JE RÊÊÊVE!...

N'AYEZ PAS PEUR ...
OH ! AVEC VOUS, MONSIEUR GASTON, JE CONDUIRAIS LES YEUX FERMÉS !...

À DROITE !
NON, À GAUCHE, C'EST PLUS JOLI ...

AH ! JE VOIS CE QU'IL Y A : 'FAUT RÉGLER LES PHARES ! WOUAH HAHAAA. !
358

C'ÉTAIT PAS LA PEINE DE VENIR À LA CAMPAGNE POUR FAIRE LA MÊME CHOSE QU'AU BUREAU !
Z Z Z

D'OÙ VIENT LA BONNE MINE DES GENS D'ICI ?...ET LEUR CORPS VIGOUREUX...HMM? HMM?

SEUL LE TRAVAIL
DONNE BONNE MINE
ET SANTÉ, GASTON.

HÉHO, FANTASIO! "SEUL LE TRAVAIL DONNE..."
ROOZZ
PFFFFLLLBFLB
RÔZ
359

VOTRE ENDORMI ? OUAIHÉBÉH, JE L'AI VU QUI BRICOLAIT UNE CANNE À PÊCHE... BEN, IL DOIT ÊTRE À L'ÉTANG...
MERCI, GUSTAVE...

LE VOILÀ... HÉ! MAIS ÇA MORD...
Z Z Z

EH BIEN ? QU'ATTEND-IL POUR FERRER CE POISSON QUI TIRE SUR LA LIGNE TANT QU'IL PEUT ?

Z Z Z

PLOUCH
361

HA
HA
HA

MONSIEUR FILE À LA MER SANS LAISSER D'ADRESSE, AVEC EN POCHE LES CLEFS DES BUREAUX DU CINQUIÈME ...
MON ABRI COTIER
SAM SUFFY

RÉSULTAT : JE FOUILLE CETTE BÊTE PLAGE DEPUIS DES HEURES ...

... SANS MÊME SAVOIR ... HÉ ?
KAÏÂ !

... SI J'AURAI LA CHANCE... OUP!
TRING TRING
TRING
TRING

... DE TOMBER SUR LUI ...
M'ENFIN, 'TENTION !

... DE LA MER ? TIENS.!?... JE NE SAIS PAS CE QUI DONNE CETTE IMPRESSION, MAIS... ON JURERAIT QUE TU REVIENS DES SPORTS D'HIVER ...
362

SI! SI! PROFITEZ DES VACANCES POUR FAIRE DU SPORT, GASTON... VOUS AVEZ TOUTE L'ANNÉE POUR VOUS REPOSER...
PFFFLLÂÂ...

TIENS, UN JAVELOT ! ET LE STADE EST DÉSERT... VOUS POUVEZ DONC ESSAYER UN LANCER...

... SANS RISQUER DE TUER QUELQU'UN ... ALLEZ-Y! PAR LÀ!
DIS, LE RECORD, C'EST COMBIEN?

NON! STOP! LA POSITION EST MAUVAISE!

TU NE VAS TOUT DE MÊME PAS M'APPRENDRE COMMENT ON...

J'AI SOIGNÉ PAS MAL DE BOBOS SUR CE STADE, MAIS C'EST LA PREMIÈRE FOIS QUE...

INFIRMERIE

JE VOUS DIS : C'EST UN RECORD !!

364

...FAIRE DES FRAIS POUR RÉPARER CETTE GUIMBARDE !!... JE NE VOUS COMPRENDS PAS, GASTON.
EH BEN ...

...DIS CE QUE TU VEUX DE CETTE VOITURE, MAIS AVOUE...

...QU'ELLE TIENT DRÔLEMENT BIEN LA ROUTE !

M'ENFIN ?
BOUF
ZWIP
365

OAAH ! REGARDE ; C'EST MIKE-LA-MONTAGNE-DE-MUSCLES, LE PLUS FORMIDABLE CATCHEUR JAMAIS VU SUR UN RING !!

RAVISSANT !

DIS, J'AI UN COPAIN QUI LE CONNAÎT BIEN, ET...
BRAVO ! IL FAUT AVOIR DES RELATIONS...

EUH... SI TU ME DONNES DIX MINUTES, J'AI UN FILON POUR ALLER LUI SERRER LA MAIN ! TU TE RENDS COMPTE !?
SI ÇA PEUT FAIRE VOTRE BONHEUR...

POUR UN SPORTIF, SERRER LA MAIN DE MIKE-LA-MONTAGNE, C'EST QUELQUE CHOSE !

AH ! EH BIEN ? VOUS LA LUI AVEZ SERRÉE, LA MAIN, AU GARS ?...
366

KAÏ KAÏ KAÏ

JE PASSAIS SUR LA ROUTE, JE VOUS AI APERÇU DE LOIN...
MONSIEUR DE MESMAEKER ! J'AI RECONNU VOTRE VOITURE...

J'ASSISTAIS AVEC NOSTALGIE AU DERNIER VOYAGE DE CES PAUVRES VIEILLES CARCASSES...
TOUF
TOUF
TOUF

... VERS LA PRESSE HYDRAU-LIQUE, QUI LES BROIE IMPITOYABLEMENT...
TOUJOURS POÈTE, HMM !... DITES, À PROPOS DES CONTRATS ...

QUI N'EST PAS AU BUREAU QUAND ON A BESOIN DE LUI ? C'EST FANTASIOOO... HEUREUSEMENT, IL M'A DIT ...

.. OÙ IL ALLAIT ... VOILÀ QUE MES FREINS NE FONCTIONNENT PLUS !!
M'ENFIN ?!!

TONC
...ET VOUS LES AVEZ SIGNÉS?! C'EST UN GRAND JOUR !

BANG

ON Y VA !, ON Y VA !...
CRANC

CRRRONCH
CRRRCC

RRAÂH ! VOS CONTRATS SIGNÉS SONT LÀ, DANS LE VIDE-POCHES DE **MA VOITURE** !!
BEN, ÇA, C'EST UNE COMPACTE !
367

GASTON ! UN MIRACLE !
NOUS SOMMES RACCOMMODÉS AVEC DE MESMAEKER !... ET J'AI DÉJÀ TAPÉ DE NOUVEAUX CONTRATS !
HÉLAS, IL N'Y A QUE VOUS...

...POUR ALLER LES PORTER CHEZ LUI... LES VOICI... MAIS PAS DE GAFFE, HMM !
POUR QUI TU ME PRENDS ?

C'EST VRAI ! IL HABITE PRÈS DU ZOO, DE MESMAEKER... OAH ! J'IRAIS BIEN... CINQ MINUTES...

HIHI ! CREVANT !... PUITCH, PUITCH !... VIENS, QUE JE TE GRATTE LE DOS...
?
ELEPHANTS
SINGES
LIONS

AH ! À L'HEURE QU'IL EST, LES CONTRATS DOIVENT ÊTRE ENTRE LES MAINS DE NOTRE FUTUR ASSOCIÉ...

LIONS
CONTRAT
368

GASTON, ON PAYE DES ASTRONOMES POUR OBSERVER LE CIEL... ET VOUS POUR CLASSER LE COURRIER...

OAH, DIS! TU SAIS QUE J'AI UN COUSIN EN AUSTRALIE, HMM?... EH BEN, IL M'A ENVOYÉ UN CHOSE... UN...
UN KANGOUROU?

MAIS NON, UN... UN... N'ENFIN, LE MOT M'ÉCHAPPE... UN...
UN ABORIGÈNE... UN KOALA... UN KIWI...

NON... TSSTSS... UN NOM BIZARRE...
UN ORNITHORYNQUE, UN APTÉRYX, UN CASOAR ?
NON !

'T EN FAIS PAS, ÇA VA ME REVENIR...

SCHLONC
AH ! OUI, UN BOOMERANG ...
369
VICQ

AH! BRAVO! ON VIENT EN CATIMINI DORMIR DANS UN FAUTEUIL DE LA SALLE DE RÉCEPTION, HMM.!!
Z
Z
Z

IL EST ENCORE DANS UN DE SES BONS JOURS...

POUR VOUS RÉVEILLER, VENEZ VOIR L'APPAREIL QUE J'AI FAIT INSTALLER DANS LE PETIT VESTIAIRE!
MUH...

...ON TIRE 20CM. D'ESSUIE-
MAIN PROPRE ET SEC...

'FAUDRAIT PAS S'IMA-
GINER QU'IL A COMPRIS
L'USAGE QU'ON PEUT
FAIRE DE CET APPA-
REIL...

Z
Z
Z
Z
Z
Z
370

MAIS, MILLE MILLIONS, GASTON, FAUT-IL VRAIMENT **TROIS JOURS** POUR TAPER UNE LETTRE ?!

... PAR EXEMPLE, QU'AVEZ-VOUS FAIT PENDANT TOUTE CETTE MATINÉE ? QUOI ??...
JUSTEMENT, POUR TAPER PLUS VITE, J'AI REMPLACÉ LE RESSORT DU CHARIOT... IL ÉTAIT MOU...

EH BIEN, EN AVANT ! CETTE LETTRE DEVRAIT ÊTRE À LA POSTE DEPUIS LONGTEMPS...

HOHOOHOOO! JE NE PEUX TOUT DE MÊME PAS LA TAPER ET L'EXPÉDIER EN MÊME TEMPS ...

CLIC
TCHAC
ZZZZ

"LA TAPER ET L'EXPÉDIER EN MÊME TEMPS", HEIN? C'ÉTAIT PRÉMÉDITÉ, CE GAG?
M'ENFIN! MAIS NON...
371

PREMIER ESSAI DE MA BALANÇOIRE À CORDES ÉLASTIQUES !...
EUH... PRENEZ GARDE...

... JE PRÉVOIS QUE LE CAOUTCHOUC VA AMPLIFIER LE MOUVEMENT...

ÇA L'AMPLIFIE !

ÇA L'AMPLIFIE MÊME PLUS QUE JE NE CROYAIS ...

ZZZZZZZZZ
GASTON ?

ON RECHERCHE LE DÉNOMMÉ GASTON LAGAFFE, CHEVEUX CHÂTAIN FONCÉ, YEUX BRUNS, NEZ FORT, PORTE PROBABLEMENT DES ECCHYMOSES...
2
NÉCROLOGIE
PETITES ANNONCES
372

QU'EST-CE QUE TU FAIS ?
AVANT DE MONTER DANS CETTE VOITURE, J'ATTIRE SUR MOI L'ATTENTION DE ST CHRISTOPHE ...

BOAH, SOT !... TIENS ! LA VOITURE, HMM ? TU NE REMARQUES RIEN DE NEUF ?
AH ?... NON, MAIS LAISSEZ-MOI DEVINER ...

... VOUS LUI AVEZ OFFERT UN ACCESSOIRE POUR SES QUATRE-VINGT-DIX ANS ?...
M'ENFIN !...

BLOMP
AH? IL Y A EU UN BRUIT BIZARRE... MAIS ÇA, CE N'EST PAS NOUVEAU...
EH BEN, C'ÉTAIT UNE QUATRE-PLACES, HMM...

...MOI, J'EN AI FAIT UNE CINQ-PLACES !... JE TE MONTRERAI PAR QUELLE ASTUCE... C'EST PRATIQUE...

...POUR EMBARQUER UN COPAIN EN PLUS, À L'IMPROVISTE...
?
373
SCÉN: VICQ

IL NE RESTE À ÉVACUER QUE CE FOURNEAU À GAZ, ET NOUS AURONS UN BUREAU SUPPLÉMENTAIRE...

HUMMMH... BUBBLE GUM ?
NON, MERCI !
BÂÂÂÂH

'VOULEZ UN BUBBLE GUM ?
BÂÂÂH
PFFFOÛ...
OH! HO! SNIF... DANGEREUX, ÇA !...

...CE ROBINET NE FERME PLUS! LE GAZ S'ÉCHAPPE ... VITE! JE VAIS CHERCHER...

...DE QUOI BOUCHER ÇA !...
EH BEN, IL EST VITE AFFOLÉ...

'CHERCHE PLUS, FANTASIO !... C'EST FAIT...

...ET DEVINE AVEC QUOI !...
374

AVANT DE JOUER, GASTON, VOUS DEVRIEZ JETER LE CHEWING-GUM ...

YO HOOO, M'OISELLE JEANNE !
HÎÎÎÎÎ ! J'ENTENDS UNE VOIX !!

MAIS C'EST... C'EST VOUS, MONSIEUR GASTON !?... OOOOH, DITES-MOI SI JE SUIS FOLLE !?
NON, VENEZ DANS LE COIN, PRÈS DES TUYAUX... C'EST UNE SURPRISE.
TOC TOC TOC TOC TOC

...UN SYSTÈME SECRET POUR NOUS TOUT SEULS... NOUS POUVONS PARLER D'UN ÉTAGE À L'AUTRE ...

DANS UN AUTRE BUREAU DU CINQUIÈME ...

TEMPS HUMIDE... JE VAIS ALLUMER MON PETIT RADIATEUR A GAZ...

...ÉVIDEMMENT, J'AI DÛ TRANSFORMER UN PEU LA TUYAUTERIE DES DEUX ÉTAGES, HIHIHI!
VOUS ALORS, MONSIEUR GASTON, VOUS NE FAITES QUE DES PRODIÎÎIGES!!

375
PCHIIIIIIIIII

...AH! OUI. J'AI COLLÉ DES PAPIERS SUR LE PLANCHER ET LES PORTES... IL N'Y AURA PAS DE TACHES, HOLÀ!

ET LA PRESSION?
BOAH, UNE BÊTE BONBONNE ET UN TUYAU...
TIF ET TO

MAIS DIS?..C'EST AUTOMATIQUE?
ÇÀ! PENDANT QUE JE SUIS ICI, LE TRAVAIL SE FAIT TOUT SEUL!

TIENS, GASTON A SORTI SES MEUBLES ?/...ET ÇA ??

C'EST SÛR, TU ES LE PREMIER À UTILISER UN ARROSEUR À GAZON POUR PEINDRE DES MURS !...
376

...FANTASIO EST PARTI... JE COMMENCE VOTRE PORTRAIT, 'MOISELLE JEANNE !
MAIS VOUS AVEZ TOUS LES DONS, VOUS, MONSIEUR GASTON !

AH ! ZUT. J'AI OUBLIÉ UN DOSSIER...
DUC LOU

CINQ MINUTES DE REPOS POUR LE MODÈLE...
VOUS ÊTES SÛR, MONSIEUR GASTON, QUE J'AI LE NEZ... AUSSI... LONG ?
BOAH, C'EST LE DÉBUT, MAIS IL Y A DÉJÀ UNE RESSEMBLANCE.

JE VOIS ! À PEINE AI-JE LE DOS TOURNÉ, MONSIEUR LAGAFFE SE MET À BRICOLER...
M'ENFIN ?!

QUELLE PERTE DE TEMPS, GASTON ! CES CASSEROLES EN TERRE CUITE, AVEC UN MANCHE, ON LES TROUVE DANS LE COMMERCE POUR QUELQUES SOUS...

GAFFEUR, TOI !!
378

BOOHF, TOI, TU VOIS TOUJOURS DES INCONVÉNIENTS...
...EN TOUT CAS, JE VOUS CONSEILLE DE FERMER VOTRE PORTE ! CAR SI JAMAIS DE MESMAEKER APERÇOIT CE PIGEON...

Z Z Z z

BON, CE CONTRAT ME SEMBLE IMPECCABLE...

IL N'Y MANQUE DONC QUE LA SIGNATURE...
IL N'A PAS VU LE PIGEON ! LE CIEL EST AVEC MOI...

QU'EST-CE QUE ...?

PUISQUE LE PIGEON A SIGNÉ LE CONTRAT...
RHÂÂH!
EH BEN, COMME COÏNCIDENCE, C'EST TOMBÉ PILE !...

HÉ, FANTASIO ! VIENS VOIR ! L'HIVER NE ME FAIT PLUS PEUR... J'AI INVENTÉ...

...LE PARDESSUS À CHAUFFAGE CENTRAL ! AVANT DE SORTIR, ON VERSE DE L'EAU BOUILLANTE DANS LE RÉSERVOIR...

...ET ELLE CIRCULE PARTOUT...
OUI !

IL Y A
UN DÉFAUT
...

GASTON, VENEZ AVEC VOTRE DUFFEL-COAT... J'AI ICI QUELQU'UN QUI VA Y FAIRE UNE RETOUCHE.
M'ENFIN! JE N'AI PAS DEMANDÉ UN TAILLEUR, MOI...

CE N'EST PAS, UN TAILLEUR, C'EST UN PLOMBIER...
JE SAIS, MOI, CE QU'IL FAUT INSTALLER ICI... C'EST UNE DOUCHE !!
380

...BOUHHH ! IL VIT SOUS PRESSION !... CE N'EST PAS BON D'ÊTRE TOUJOURS AUSSI TENDU...

MAIS MOI, JE SAIS CE QU'IL LUI FAUT !... J'AI ÉTUDIÉ UN MORCEAU TZIGANE... ÇA VA L'ADOUCIR...
EXCUSEZ-MOI... J'AI À FAIRE...

JE VAIS LUI FAIRE LA SURPRISE...

CRAÏÏÏÏÏÏÏÏÏK

..., C'EST UNE CONTRACTION GÉNÉRALE... UNE CRAMPE FANTASTIQUE... MARRANT ! 'FAUT QUE JE MONTRE ÇA AUX COLLÈGUES...
MAIS, DOCTEUR...
LÀ ! JE TE LE DISAIS ! IL EST TOUJOURS TROP TENDU...
381

BRAVO!
...ET BUVONS AU SUCCÈS DE LA NOUVELLE FORMULE DU "JOURNAL DE SPIROU".
BRAVO
BIS
CLAP CLAP CLAP
DRÔLE D'IDÉE, CETTE LONGUE TABLE UNIQUE POUR TOUTE LA RÉDACTION !
C'EST PARFAIT ! ON N'ENTEND PAS TROP LES DISCOURS...

EH BEN, JE VOUDRAIS...

BRAVO!
LOP
CLOP!

MONSIEUR DUPUIS, NOTRE AMI GASTON VOUDRAIT, LUI AUSSI, NOUS DIRE UN MOT...
BRAVO!

...SIMPLEMENT LEVER MON VERRE...
382

OUI, FAIT BON POUR LA SAISON, JE SUIS ASSIS À LA FENÊTRE... QUOI ?... AH ! TU CONNAIS UNE BLAGUE... BEN, RACONTE...
URGENT

... COMMENT ?... OH ! OUAAH ! ELLE EST BONNE !

C'EST LA MEILLEURE ! OUWAAHAA...

AAAAZZ

IMPOSSIBLE DE LES TOUCHER ! 'DOIT Y AVOIR UN IMBÉCILE QUI EST PENDU AU TÉLÉPHONE...

383

RÉCEMMENT, DES OUVRIERS ONT RECIMENTÉ LE TROTTOIR AU PIED DE L'IMMEUBLE...

GASTON, QUI AIME LE TRAVAIL, A ASSISTÉ, D'EN HAUT, À TOUTE L'OPÉRATION...
EH BEN, ILS ONT FINI... ET C'EST BIEN FAIT ...

AH! ZUT VOILÀ MON COCA QUI...

PLOTCH

CREVANT ! DANS LE CIMENT FRAIS, LA BOUTEILLE NE S'EST PAS CASSÉE !!

...ONT BUTÉ, QUARANTE-CINQ SONT TOMBÉS, ET ON A PROFÉRÉ LÀ SEPT CENT QUATRE-VINGT-TROIS JURONS ABOMINABLES...

TAC

384

GASTON, LE SAPIN EST PRÊT ?
OUI, J'AI FAIT LE PIED

L'ENNUI, AVEC UN SAPIN DE NOËL QUI EST CONTRE UN MUR, C'EST QU'ON NE VOIT QU'UN CÔTÉ... MAIS MOI, 'MOISELLE JEANNE, J'AI FAIT UNE INVENTION...

... CE N'EST PAS UN PIED ORDINAIRE QUE J'AI MIS AU SAPIN... HIHIHI !
OH ! AVEC VOUS, MONSIEUR GASTON...

HOHOO! VENEZ VOIR, LES ENFANTS! LE SAPIN DE CETTE ANNÉE MARQUERA UNE DATE DANS LES NOËLS DE LA RÉDACTION!

SPLENDIDE! AH! OUI.
OH! JOLI.
BRAVO!
MAIS VOUS N'AVEZ RIEN VU! GASTON VA BRANCHER LES GUIRLANDES...

...ET SURTOUT SON PETIT FIL SPÉCIAL... HIHIHI!
385A

DJIIIII

M'ENFIN !
JE VAIS VÉRIFIER
MES PLANS... LOGIQUEMENT
IL DOIT TOURNER
TOUT DOUCEMENT...
PAIX
SUR LA TERRE
AUX HOMMES
DE...
385B

BON, À MOI : B6, D4, C7...
C'EST ÇA ! COMBAT NAVAL AVEC JULES-DE-CHEZ-SMITH-EN-FACE ...

...ET C'EST DUPUIS QUI PAYE LES MUNITIONS, HMMM !
PFFOUHH, AVARE...

B7. F8.
1 CROISEUR TOUCHÉ
2 COUPS DANS L'EAU

TOUT MON MEILLEUR PAPIER À DESSIN,
COULÉ
67

385
1 GASTON COULÉ, 2 COUPS DANS L'ŒIL

AÏE! JE DOIS ÊTRE DANS VINGT MINUTES À L'AUTRE BOUT DE LA VILLE, ET JE N'AI PAS DE VOITURE...
ATTENTION! MÉTRO ET AUTOBUS : EN GRÈVE

EH BIEN! NOUS N'ATTENDONS PLUS QUE M. FANTASIO, QUI REPRÉSENTERA LE JOURNAL DE SPIROU...

ET PAS LE MOINDRE TAXI, ÉVIDEMMENT !
T'EN FAIS PAS ! MOI, JE VAIS TE DÉPANNER, MOI !
COMMENT ALLEZ-VOUS FAIRE ?... ENFIN, JE N'AI PAS LE CHOIX.
VIENS VITE CHEZ LÉON... C'EST À DEUX PAS...

...MAIS SI ! DÉPOSEZ-MOI ! JE VOUS **DIS** QUE JE VEUX FAIRE LE RESTE À PIED ...
TARATATA ! JE SUIS TROP CONTENT DE TE RENDRE UN SERVICE !
BOUCHERIE LÉON
386

TROIS FOIS CETTE SEMAINE QU'ON ME L'EMPRUNTE SANS RIEN ME DIRE, MA PORTATIVE !!

...JE VOUDRAIS BIEN M'EN SERVIR MOI-MÊME UN TOUT PETIT PEU...

VOILÀ ! J'Y SUIS ARRIVÉ... PAS FACILE, DE TENDRE UNE ARBALÈTE...

'FAUT TROUVER QUELQUE CHOSE QUI SERVIRA DE PROJECTILE...

C'EST VRAI ! 'SUFFIT QUE JE LA DÉPOSE SUR CE BUREAU POUR QU'ELLE DISPARAISSE COMME...

PAR ENCHANTEM...
?
TONC
388

TIENS ! VOUS TRAVAILLEZ AU CINQUIÈME, AUJOURD'HUI, GASTON ?
BOAH ...
URGENT

...C'EST CALME, ICI...
DITES DONC, OÙ AVEZ-VOUS TROUVÉ CE BUREAU ? HOHOOO, CE STYLE !...

...ET CE VIEUX TAPIS ! HIHIHI !... QUELLE INSTAL-LATION !

ENFIN ! POUR LE BOULOT QUE VOUS FAITES C'EST TOUT CE QU'IL FAUT !

HAHA ! C'EST VRAI, CE QU'IL DIT LÀ !... PLUS DE DANGER ?
ÇA VA ! OÙ EN ÉTIONS-NOUS ?

CINQ À UN...

TOUJOURS COURIR! C'EST PLUS UN MÉTIER, C'EST UNE COURSE ...

EH BEN, IL A OUBLIÉ SON PARDESSUS, LE DISTRAIT !... PAR CE TEMPS !

TON PARDESSUS... 'BOUGE PAS, JE TE LE LANCE...

NON, GASTON! TROP DE VENT... NON

M'ENFIN!

VITE! SUIVEZ CE PARDESSUS!...
BON! MAIS FERIEZ MIEUX DE LOUER UN HÉLICOPTÈRE...
391

BOM

BOM

BOM

BOM
BOM

'JAMAIS VU UNE NOIX AUSSI DURE !
POUT
POUT
POUT
392

BOUM

TIENS ? ON NE M'AVAIT PAS DIT QUE CE BUREAU ÉTAIT TRANSFORMÉ EN ATELIER DE RÉPARATIONS !
ATTENDS ...

MAIS FAIS ATTENTION !
BOF

NON, N'ENTREZ PAS ...
BOM
BOM

M'ENFIN !
NE VENEZ PAS TOUS
COURIR ICI...

393
...J'AI UN ROULEMENT À BILLES
QUI S'EST OUVERT...SI VOUS CROYEZ
QUE C'EST FACILE, DE RETROUVER
TOUTES CES BILLES !...
GRRMBLL
LEURS CONTRATS,
GRRMBLMMH
CRRRTCH

SNIF... ÇA SENT MAUVAIS !

OUVREZ CETTE FENÊTRE ! QU'EST-CE QUE VOUS TRIPOTEZ ?
BOAH ! RIEN QU'UNE EXPÉRIENCE DE CHIMIE AMUSANTE...
NE SERAIT-CE PAS UNE RECETTE POUR FAIRE SOI-MÊME DES BOULES PUANTES ?
GLOBGLO GLOUB
LE PETIT CHIMISTE

JE DOIS PARTIR... MAIS SOYEZ PRUDENT, HMM ! J'AI L'EXPÉRIENCE DE VOS EXPÉRIENCES !...

BRRR ! IL FAIT GLACIAL, ICI. C'EST ENCORE CE GASTON !...

GASTON ! FERMEZ CETTE FENÊ...

...TRE
URGENT
394

À LOUER BUREAU DÉCAPOTABLE

AH! OÙ EN ÉTAIT CETTE LETTRE ?

RICTIC
TCHIQUETIC
TICTIC
TIC
TRIC
TIC
TIC
TIC

?

GASTON!

GASTON, MA MACHINE ?...
AH! TU AS VU ? NETTOYÉE ENTIÈREMENT ! TOUT DÉMONTÉ ET REMONTÉ, ZOU ! ÇA, C'EST LE SENS DE LA MÉCANIQUE ...

AH! EN EFFET. QUAND JE TAPE A, ELLE TAPE O, QUAND JE TAPE O, ELLE TAPE I, QUAND JE TAPE I, ELLE TAPE U, QUAND JE TAPE U, ELLE TAPE L, QUAND JE TAPE L, ELLE TAPE P, QUAND JE TAPE P, ELLE TAPE Q, QUAND JE TAPE Q, ELLE TAPE R, QUAND JE TAPE R, ELLE TAPE X ...

BEN, PUISQUE TU LE SAIS, POUR FAIRE O, TU TAPES A, POUR FAIRE I, TU TAPES O, POUR FAIRE U, TU TAPES I, POUR FAIRE L, TU TAPES U, POUR FAIRE...
396

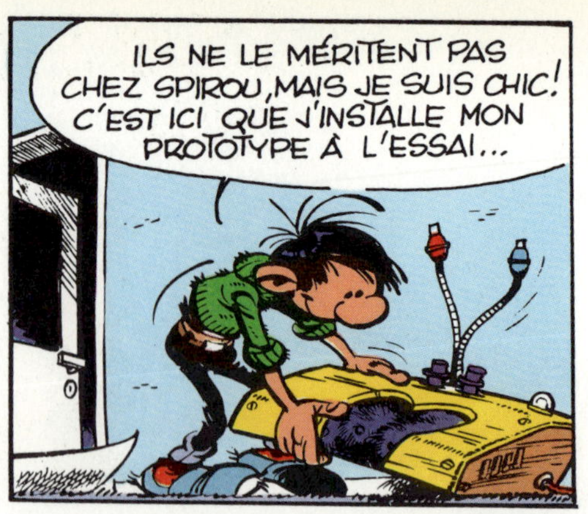
ILS NE LE MÉRITENT PAS CHEZ SPIROU, MAIS JE SUIS CHIC! C'EST ICI QUE J'INSTALLE MON PROTOTYPE À L'ESSAI...

GRATUIT, HMM? VOILÀ QUI A DE L'ALLURE!
CIRAGE-MINUTE AUTOMATIQUE GRATUIT
BRUN
NOIR

JE VOIS : ON PLACE LES DEUX PIEDS À LA FOIS...
CLIC

MAIS?
MAIS?
DJJIIIIIII

M'ENFIN !' FAUT RETROUSSER LES BAS DE PANTALONS, ÉVIDEMMENT !... ILS ONT ÉTÉ ENTRAÎNÉS PAR LES BROSSES ROTATIVES...

PLUS JAMAIS JE NE METTRAI LES PIEDS ICI !!
ON DIRA CE QU'ON VOUDRA, ÇA CIRE BIEN...
RHÂÂH !
397

... VRAIMENT, UN CAMÉLÉON VIVANT ?!
ON ME L'A PRÊTÉ POUR QUE JE TE LE MONTRE...
JE PARIE QU'IL VA ME REFAIRE LE COUP DES COULEURS !

...ET REGARDE : J'AI PEINT DES FEUILLES... J'EN GLISSE UNE BLEUE DERRIÈRE LUI... HIHIHI !
LÀ ! QU'EST-CE QUE JE DISAIS !...

TU LE VEUX VERT POMME ? VOILÀ...
ET ALLEZ ! AH ! CE N'EST PAS MOI QUI AURAIS LA CHANCE DE TOMBER CHEZ DES DALTONIENS ...

HOHOOAH! EN ROSE, IL EST CREVANT!
BEUÂÂPFF!

MAIS EN ROUGE, TU VAS VOIR COMME C'EST COCASSE!
ATTENDS!

... POUR LE ROUGE, TRAVAILLE DONC TOI-MÊME, MON GARS...
COCASSE! ARF! ARF!
SC:VICQ
398

C'EST VRAI, À LA FIN!

JE NE SAIS PAS POURQUOI ILS M'ONT ENVOYÉ ICI, MAIS ÇA M'A PERMIS DE LE FINIR...
HA

UN FLASH MAISON !... CINQ FOIS PLUS PUISSANT QUE LES BIDULES DU COMMERCE !!

VOUS RENDEZ-VOUS COMPTE, MONSIEUR FANTASIO? NOS CONTRATS, ENFIN **SIGNÉS** !

...BON ! UN ESSAI... QU'EST-CE QUE...? HOAH ! AVEC ÇA, JE VAIS FAIRE DES NÉGATIFS TERRIBLES !

SCHLITZPRITCHIIIII

EH BEN, VOUS ALLEZ RIGOLER, MAIS JE SUIS CERTAIN QU'IL SERVIRA COMME LAMPE SOLAIRE, MON FLASH !... VOUS AVEZ VU VOTRE TEINT ?...
1/2 BR
399

BLITZ

POPOM,
POPOM...

?
PCHHH

POISSON D'AVRiiiL !
QUAND ON TOURNE LA POIGNÉE, PCHHITT ! HIHIHI ! C'EST RÉUSSI, HEIN ? HEIN ?
AH ! ÇA, J'AVOUE ...

BON ! ON S'EST BIEN AMUSÉ... MAINTENANT LE TRAVAIL ...

POISSON D'AVRIIIIL ! SIMPLE MAIS EFFICACE, LE COUP DES DICTIONNAIRES, QUOI ?!
BOP
POF

EH BIEN, NOUS AVONS ASSEZ RI ... AU BOULOT...
TIC TIC TIC

MAIS...
POISSON D'AVRIL ! TU Y PENSERAIS, TOI, À REMPLACER LE RUBAN PAR DE LA BANDE ADHÉSIVE ? HOAH !
400 A

...AH ! ON A APPORTÉ CE COLIS POUR MOI ? TIENS !... JE VAIS JETER...

...UN COUP D'Œ...
POISSON D'AVRiiiL !
LE COLIS INFERNAL ! C'EST CALCULÉ AU POIL POUR QUE LE FLASH S'ALLUME JUSTE AU MOMENT OÙ HOU OUH !
BLITZ

DE L'AIR !... OÙ EST LA FENÊTRE ?

PLITCH
POISSON D'AVRIL ! UN ASTUCIEUX JEU DE FICELLES ! CE CABILLAUD VIENT DE LA CORNICHE
OUWAAH !

AH ! DIS, TU NOTERAS MES HEURES SUPPLÉMENTAIRES DE CETTE NUIT... C'EST LONG À PRÉPARER, CES POISSONS D'AVRIL...
400 B

HIHIHIHII
HIHIHHI
HIHIHIHIII
HIHIHI

PLEINE DE LAIT ! C'EST BON, DU LAIT DE NOIX DE COCO ...

OUAIS, JE FAIS LE TOUR DU QUARTIER POUR VOIR SI LES ARBRES ONT BIEN SUPPORTÉ L'HIVER...
BEN, TU AS TROUVÉ UN BON BOULOT...
NON, PLATANE. C'EST TOUS DES PLATANES.

PFFOUH ! C'EST DUR À PERCER...

...UN BON VIEUX PLATANE BIEN DE CHEZ NOUS, ÇA !...
TAP TAP

POC

P...P...PAS NORMAL, CE PLATANE... PAS NORMAL ...
401

HÉHÉ, GASTON, L'AGENT LONTARIN VOUS REGARDE D'UN OEIL NOIR... S'IL PEUT ENCORE VOUS PINCER POUR STATIONNEMENT ILLICITE : CRAC !

PFFFEUH ! HIHIHI !

IL NE ME FAIT PAS PEUR, CAR MOI, J'AI RÉSOLU LE PROBLÈME...

...TOUT UN PARKING
POUR MOI TOUT SEUL !
ZONE BLEUE ?
CONNAIS PAS...
...ET CE SOIR, NI VU NI CONNU,
JE VIENS RECHERCHER COCOTTE,
ET ZOU, PAS D'ENNUIS...
403 A

LE SOIR
TOUF
TOUF
TOUF
B.TOMPREZ-
CONTRIN
RROOOÂÂR
POUT
POUT

...AH, OUI ! FAUDRAIT L'ENLEVER, PARCE QUE NOUS, ON VOUDRAIT BIEN FINIR LE MORCEAU ...
M'ENFIN !
403B

ÇA ,CE SONT DE BELLES PLANCHES !... SPLENDIDE OCCASION !
JE VAIS DEMANDER À FANTASIO S'IL PEUT UTILISER DE BELLES PLANCHES COMME ÇA...

OH ! VENEZ VITE VOIR TOUS ! ! SENSATIONNEL !

... GASTON A TRANSFORMÉ SA VOITURE EN HÉLICOPTÈRE ! !

404

... MAIS POURQUOI VOULIEZ-VOUS MONTER CETTE "BELLE PLANCHE" AU SIXIÈME ?!?
POUR TE LA MONTRER ...
MAIS C'EST GÉNIAL !

MAINTENANT ELLE EST BON ! QUE COMPTEZ-
BEN...

AH ! OUI, RÉFLÉCHIS : 'SUFFIT QU'ON OUVRE LA PORTE DE BOULIER ET LA PLANCHE SE DÉTENDRA...

HÉ ! ATTENTION !...
BOAH, JE SAIS ! BOULIER, IL AIME BIEN QU'ON SOIT POLI ... T'EN FAIS PAS !
DRRING

CALÉE À MORT!
VOUS FAIRE?

Mr BOULIER

JE NE VOUS DÉRANGE PAS,
M'SIEUR BOULIER?
GNOC
405

REGARDEZ, M'OISELLE JEANNE, LA PIÈCE D'EAU... 'Y A PAS D'EAU.
OOH!

'Z'ONT FINI DE NETTOYER LE BASSIN... 'FAUDRAIT REMETTRE LE MACHIN EN ROUTE...
BON...

VOICI LA PLUS BELLE STATUE DU SQUARE : LE GÉNIE DES EAUX...
HIHIHI! VOUS ÊTES IMPAYABLE, MONSIEUR GASTON!

PCHHHiii
406

AH ! DE L'ENCRE DANS MON STYLO, ET JE COURS À CETTE RÉUNION.

'S'MOI PASSER, VITE ! MISSION URGENTE POUR LE PATRON !

MILLE MILLIARDS DE
!!
CLIC
BZZZ

..BOUGRE DE 選 ! ESPÈCE DE !! TRIPLE 子 !

...ROI DES 滴 !! VOUS N'ETES QU'UN VIL 很 !
CHHHT !

DITES, M'SIEUR DUPUIS, AU MOMENT OÙ J'ALLAIS ESSAYER LE NOUVEL INTERPHONE AVEC VOUS, FANTASIO EST ARRIVÉ, ET...
L'APPAREIL FONCTIONNE TRÈS BIEN : **J'AI PARFAITEMENT ENTENDU M. FANTASIO** ...
407

...EH BIEN, MONTREZ-MOI COMMENT VOUS LE CLASSEZ, CE COURRIER URGENT !
M'ENFIN ! C'EST BIEN SIMPLE...

...VOILÀ : CHAQUE MATIN, JE RANGE LE COURRIER DU JOUR DE CE CÔTÉ-CI DE LA TABLE...
HMM

SI JE COMPRENDS BIEN, LES TAS DE CE CÔTÉ-LÀ, C'EST CE QUI EST URGENT DEPUIS LONGTEMPS...

AH ! MAIS TOUS LES JOURS, ÇA AVANCE, ÇA AVANCE...
LAGAFFE, LE COURRIER ...

ABONDANT, AUJOURD'HUI...
OUI ! 'Y A DU PAIN SUR LA PLANCHE ...

ET ZOU ! C'EST CLASSÉ ...
URGENT
PAPIER
408

URGENT

M. LAGAFFE, À L'OCCASION D'UNE INSPECTION, J'AI CONSTATÉ CHEZ VOUS LA PROLIFÉRATION...
HUH ?

... DE CES PETITES BRÛLURES QUE LAISSENT AUX BORDS DES MEUBLES LES CIGARETTES QU'ON Y DÉPOSE ET QUI...
?

... OUBLIÉES, ACHÈVENT LÀ LEUR COMBUSTION... J'AI HORREUR DE CES TRACES INDÉLÉBILES DE LA NÉGLIGENCE !
BOÂÂFF !

VOUS ME DIREZ QUE MON GOÛT PERSONNEL COMPTE PEU ICI, MAIS CE QUI COMPTERA, À LA FIN DU MOIS...

...C'EST LA SOMME QUE JE VOUS... MAIS...?
SNIF

VOILÀ ! VOUS PARLEZ, VOUS PARLEZ, ET MOI J'OUBLIE MON FER À SOUDER !...
409

URGENT

MMOUI, C'EST LA PAUSE-FRITES...
MMM...UNE IDÉE DE LAGAFFE...
VA
VOIR...

M. FANTASIO ! JE VOUS ATTENDAIS
EN CROQUANT QUELQUES FRITES...HMUM..
DÉLICIEUSES...AVEC DES PICKLES...
URGENT

EEEH BIEN, IL NE ME RESTE QU'À LES GOÛTER À MON TOUR ...
TIENS !?
JE VOIS UN TEXTE
SOUS MES PICKLES
?

CONTRATS
!
NON !

LISEZ VOUS-MÊME :
C'EST EN CARACTÈRES
GRAS !
ELLES SONT
ASSEZ SALÉES
?
URGENT
410

...ÇA, C'EST GENTIL, ALPHONSE ! IL Y A LONGTEMPS QUE J'AI ENVIE DE CONDUIRE UN GROS CAMION...
OUI, MAIS FAIS GAFFE...
DOUGOUF DOUGOUF

HÉ ! NON, HÉ ! STOP! C'EST LA MARCHE ARRIÈRE !
M'ENFIN ?!

NON !!
ÇA, C'EST LA...
DJIIIIIIII

EUH... ATTENDS UNE MINUTE AVANT DE CONTINUER, ALPHONSE...
411

C'EST BON ! TU N'EN AURAS PAS UNE SEULE, DE MES BONNES CRÊPES !
PAS DE ÇA DANS LES BUREAUX !

BOAH ! ICI, AU MOINS, IL Y A DE L'AIR...

...ET PAS DE PLAFOND, HÉHÉ ! ON PEUT Y ALLER FRANCHEMENT POUR LANCER LA CRÊPE ...

ET HOP!... M'ENFIN ?! CE VENT!...

...BRAVO ZOULOU À TOUR DE CONTRÔLE : RETOURNONS À LA BASE... J'AI UNE CRÊPE COLLÉE À MON PARE-BRISE, ET JE NE VEUX PAS VOIR ÇA JUSQU'À SALONIQUE!
AIR FRANCE
F-SRBZ
412

MOI, 'MOISELLE JEANNE, J'AIME BIEN LES PIQUE-NIQUES, MAIS JE N'AIME PAS LES SACS À DOS. ALORS...
VOUS, MONSIEUR GASTON, VOUS AVEZ ENCORE INVENTÉ QUELQUE CHOSE ...

...OUI ! HIHI ! QUAND J'OUVRE LE ROBINET DE CETTE BONBONNE LE SAC DEVIENT DE MOINS EN MOINS LOURD...
?
PCHHHH

...AU CONTRAIRE, C'EST MOI QUI ME SENS LÉGER, LÉGER ...
ENCORE UNE IDÉE QUI IRA LOIN ÇA !...

ON S'INSTALLE ICI, 'MOISELLE JEANNE ?...
OH, OUI ! VOUS AVEZ TROUVÉ UN ENDROIT CHARMANT, MONSIEUR GASTON !

?!

M'ENFIN ?!
CIEL, MONSIEUR GASTON ! ET MOI QUI VOUS AVAIS PRÉPARÉ UN VOL-AU-VENT...
414

Humour 

BEAUNEZ	**Vive la carotte !** (BD 160, **5*** couleur) •
BINET	**Les Bidochon-1/Roman d'amour** (BD 4, **3***)
	Les Bidochon-2/En vacances (BD 48, **3***)
	Les Bidochon-3/... En HLM (BD 104, **3***)
	Les Bidochon-4/Maison, sucrée maison (BD 121, **3***)
	Les Bidochon-5/Ragots intimes (BD 150, 3*)
	Kador/Tome 1 (BD 27, **3***)
	Kador/Tome 2 (BD 88, **3***)
BRETECHER	**Les Gnangnan** (BD 5, **2***)
BRIDENNE	**Saison des amours** (BD 65, **4*** couleur) •
BROWNE	**Hägar Dünor le Viking-1** (BD 66, **3***)
BRUNEL	**Pastiches-1/École franco-belge** (BD 46, **5*** couleur) •
	Pastiches-2/École américaine (BD 115, **5*** couleur) •
COLLECTIF	**Baston, la ballade des baffes** (BD 136, **4*** couleur)
ÉDIKA	**Débiloff profondikoum** (BD 38, **3***) •
	Homo-sapiens connarduss (BD 156, **3***) • novembre 89
FRANQUIN	**Idées noires** (BD 1, **3***)
	Gaston-1/Gala de gaffes (BD 17, **3*** couleur)
	Gaston-2/Gaffes à Gogo (BD 39, **3*** couleur)
	Gaston-3/Le bureau des gaffes (BD 70, **3*** couleur)
	Gaston-4/Gaffes en gros (BD 100, **3*** couleur)
	Gaston-5/Gare aux gaffes (BD 126, **3*** couleur)
	Gaston-6/Gaffes d'un gars gonflé (BD 152, **3*** couleur)
GOTLIB	**Pervers Pépère** (BD 8, **3***) •
	Rhââ Lovely-1 (BD 21, **3***) •
	Rhââ Lovely-2 (BD 55, **3***) •
	Rhââ Lovely-3 (BD 131, **3***) •
	Superdupont (BD 33, **3***)
	Gai-Luron-1 (BD 43, **3***)
	Gai-Luron-2 (BD 75, **3***)
	Hamster Jovial (BD 83, **2***) •
	Dans la joie jusqu'au cou (BD 93, **3***) •
	Rhâ-gnagna-1 (BD 159, **3***) • décembre 89
HART	**B.C.-1** (BD 79, **3***)
	Le magicien d'Id-1 (BD 95, **3***)
LELONG	**Carmen Cru-1/Rencontre du 3e âge** (BD 14, **3***)
	Carmen Cru-2/La dame de fer (BD 64, **3***)
	Carmen Cru-3/Vie et mœurs (BD 119, **3***)
MANDRYKA	**Le Concombre masqué-1** (BD 110, **4*** couleur)
McMANUS	**La famille Illico** (BD 73, **3***)
MORCHOISNE	**Ces Grandes Gueules...** (BD 16, **4*** couleur)
MORDILLO	**Les meilleurs dessins d'Opus** (BD 10, **4*** couleur)
ONC'RENAUD	**La bande à Renaud** (BD 76, **4*** couleur)
PÉTILLON	**Mr Palmer et Dr Supermarketstein** (BD 13, **5*** couleur)
	Jack Palmer/La dent creuse (BD 78, **5*** couleur)
PTILUC	**Destin farceur/Crescendo** (BD 147, **5*** couleur)
QUINO	**... Panorama** (BD 90, **2*** couleur)
SERRE	**Les meilleurs dessins** (BD 6, **5*** couleur) •
	Humour noir (BD 35, **5*** couleur) •
	A tombeau ouvert (BD 86, **5*** couleur) •
VAN DEN BOOGAARD	**Léon-la-Terreur** (BD 45, **5*** couleur) •
	Léon-la-Terreur atteint des sommets (BD 118, **5*** couleur) •
VEYRON	**L'amour propre** (BD 7, **5*** couleur) •
	Bernard Lermite-1 (BD 50, **3***) •
	Bernard Lermite-2/L'éternel féminin dure (BD 153, **6*** couleur) •
WALKER	**Beetle Bailey-1** (BD 102, **3***)
YOUNG	**Blondie** (BD 87, **3***)

ARNAL **Pif le chien-1** (BD 81, **4*** couleur)
Pif le chien-2 (BD 107, **4*** couleur)
Pif le chien-3 (BD 135, **4*** couleur)
BERCK & CAUVIN **Sammy/Les gorilles font les fous** (BD 158, **4*** couleur) novembre 89
CHÉRET & LÉCUREUX **Rahan-1/L'homme sans cheveux** (BD 143, **4*** couleur)
DELINX & GODARD **La jungle en folie-1** (BD 117, **4*** couleur)
La jungle en folie-2 (BD 133, **4*** couleur)
FRANQUIN **Spirou et Fantasio-1/L'ombre du "Z"** (BD 141, **6*** couleur)
Spirou et Fantasio-2/Le dictateur et le champignon (BD 155, **6*** c.) nov. 89
GODARD **Norbert et Kari/L'île aux monstres** (BD 148, **4*** couleur)
HERMANN & VERNAL **Jugurtha-1/Le lionceau des sables** (BD 53, **5*** couleur)
Jugurtha-2/Le casque celtibère (BD 114 **5*** couleur)
LAMBIL & CAUVIN **Les tuniques bleues/Les bleus de la marine** (BD 154, **4*** couleur)
LELOUP **Yoko Tsuno-1/Le trio de l'étrange** (BD 37, **5*** couleur)
Yoko Tsuno-2/La forge de Vulcain (BD 67, **5*** couleur)
Yoko Tsuno-3/La frontière de la vie (BD 96, **5*** couleur)
Yoko Tsuno-4/Message pour l'éternité (BD 125, **5*** couleur)
MACHEROT **Chlorophylle contre les rats noirs** (BD 51, **4*** couleur)
Chaminou et le Khrompire (BD 149, **4*** couleur)
Chlorophylle et les conspirateurs (BD 163, **4*** couleur) décembre 89
MARTIN **Alix-1/Les légions perdues** (BD 68, **6*** couleur)
Alix-2/Le prince du Nil (BD 92, **5*** couleur)
Jhen-1/Les écorcheurs (BD 106, **5*** couleur)
MARTIN & CHAILLET **Lefranc-1/Les portes de l'enfer** (BD 82, **5*** couleur)
Lefranc-2/L'oasis (BD 138, **5*** couleur)
QUINO **Mafalda-1** (BD 2. **4*** couleur)
Mafalda-2/Encore Mafalda ! (BD 54, **4*** couleur)
Mafalda-3/Mafalda revient (BD 134, **4*** couleur)
ROSINSKI & VAN HAMME **Thorgal-1/La magicienne trahie** (BD 29, **5*** couleur)
Thorgal-2/L'île des mers gelées (BD 74, **5*** couleur)
Thorgal-3/Les trois vieillards... (BD 98, **5*** couleur)
Thorgal-4/La galère noire (BD 123, **5*** couleur)
STEVENS **Rocketeer** (BD 91, **5*** couleur)
TABARY **L'enfance d'Iznogoud** (BD 9, **5*** couleur)
TILLIEUX **Gil Jourdan-1/Libellule s'évade** (BD 28, **4*** couleur)
Gil Jourdan-2/Popaïne... (BD 69, **4*** couleur)
Gil Jourdan-3/La voiture immergée (BD 112, **4*** couleur)
Gil Jourdan-4/Les cargos du crépuscule (BD 145, **4*** couleur)
WALTHÉRY **Natacha-1/Hôtesse de l'air** (BD 22, **4*** couleur)
Natacha-2/... et le Maharadjah (BD 52, **4*** couleur)
Natacha-3/La mémoire de métal (BD 101 **4*** couleur)
Natacha-4/Un trône pour Natacha (BD 132, **4*** couleur)
Natacha-5/Double vol (BD 151, **4*** couleur)
WEYLAND **Aria-1/La fugue d'Aria** (BD 40, **5*** couleur)
Aria-2/La montagne aux sorciers (BD 84, **5*** couleur)

Aventures & fictions

ADAMOV & COTHIAS **Les Eaux de Mortelune-1** (BD 109, **5*** couleur) •
ARNO ET JODOROWSKY **Les Aventures d'Alef-Thau-1** (BD 164, **6*** couleur) décembre 89.
AUTHEMAN **Vic Valence-1/Une nuit chez Tennessee** (BD 41, **4*** couleur)
BERNET & ABULI **Torpedo-1/Tuer c'est vivre** (BD 25, **2***) •
Torpedo-2/Mort au comptant (BD 113, **2***) •
BOUCQ **Les pionniers de l'aventure humaine** (BD 34, **6*** couleur)
CAILLETEAU & VATINE **Fred et Bob-1/Galères Balnéaires** (BD 108, **4*** couleur)
CHARLES **Les pionniers du Nouveau Monde-1** (BD 103, **4*** couleur)
CEPPI **Stéphane-1/Le guêpier** (BD 116, **5*** couleur)
COMÈS **Silence** (BD 12, **5***)
La belette (BD 99, **5***)
COTHIAS & JUILLARD **Les 7 vies de l'épervier-1** (BD 77, **4*** couleur) •
Les 7 vies de l'épervier-2 (BD 144, **4*** couleur)•
DERMAUT & BARBET **Les Chemins de Malefosse-1** (BD 19, **5*** couleur) •
Les Chemins de Malefosse-2 (BD 71, **5*** couleur) •
Les Chemins de Malefosse-3/La vallée (BD 129, **5*** couleur) •
DETHOREY **Louis La Guigne-1** (BD 97, **4*** couleur)
DRUILLET **Les 6 voyages de Lone Sloane** (BD 60, **5*** couleur)
Vuzz (BD 94, **3***)
DRUILLET & DEMUTH **Yragaël ou la fin des temps** (BD 122, **5*** couleur)
FALK & DAVIS **Mandrake le magicien** (BD 58, **4*** couleur)
FOREST **Barbarella** (BD 49, **5*** couleur) •
FOREST & TARDI **Ici même** (BD 62, **6***)
FRED **Magic Palace Hôtel** (BD 72, **4***)
GIARDINO **Sam Pezzo-1** (BD 15, **3***)
GIRAUD & CHARLIER **Blueberry/La longue marche** (BD 162, **5*** couleur)
LIBERATORE **RanXerox-1/A New York** (BD 3, **5*** couleur) •
Ran Xerox-2/Bon anniversaire Lubna (BD 161, **5*** couleur) • décembre 89
MAKYO **Grimion Gant de cuir-1/Sirène** (BD 157, **5*** couleur) nov. 89
MAKYO & VICOMTE **Balade au Bout du monde-1** (BD 59, **5*** couleur)
Balade au Bout du monde-2 (BD 130, **5*** couleur)
PRATT **La ballade de la mer salée** (BD 11, **6***)
Sous le signe du Capricorne (BD 63, **6***)
Ernie Pike (BD 85, **4***)
Corto toujours un peu plus loin (BD 127, **6***)
RAYMOND **Flash Gordon** (BD 47, **5*** couleur)
SCHETTER **Cargo-1/L'écume de Surabaya** (BD 57, **5*** couleur) •
SEGRELLES **Le mercenaire-1/Le feu sacré** (BD 32, **4*** couleur)
Le mercenaire-2/La formule (BD 124, **4*** couleur)
SERVAIS & DEWAMME **Tendre Violette** (BD 42, **5***) •
SOKAL **Canardo-1/Le chien debout** (BD 26, **5*** couleur)
Canardo-2/La marque de Raspoutine (BD 89, **5*** couleur)
TARDI **Adèle Blanc-Sec-1/Adèle et la Bête** (BD 18, **4*** couleur)
Adèle Blanc-Sec-2/Le démon... (BD 56, **4*** couleur)
Adèle Blanc-Sec-3/Le savant fou (BD 120, **4*** couleur)
TARDI & MALET **Brouillard au pont de Tolbiac** (BD 36, **4***)

• Lecteurs avertis

BARBE	**Cinémas et autres choses** (BD 30, **2***)
BEAUNEZ	**Mes partouzes** (BD 24, **3***)
GILLON	**La survivante** (BD 111, **6*** couleur)
LAUZIER	**Zizi et Peter Panpan** (BD 23, **5*** couleur)
LOB & PICHARD	**Blanche Épiphanie** (BD 61, **4***)
	Blanche Épiphanie-2/La déesse blanche (BD 137, **5***)
MALLET	**Les petits hommes verts** (BD 44, **4*** couleur)
MANARA	**HP et Giuseppe Bergman** (BD 20, **5***)
	Le déclic (BD 31, **4***)
	Le parfum de l'invisible (BD 105, **4***)
	Jour de colère (BD 128, **6***)
ZUBELDIA	**Le Concile d'Amour** (BD 146, **4***)

152

Imprimé par Canale à Turin
le 8 septembre 1989.
Dépôt légal octobre 1989. ISBN 2-277-33152-X
Imprimé en Italie.

J'ai lu BD / Éditions J'ai lu
27, rue Cassette 75006 Paris

Diffusion France et étranger : Flammarion